I0115289

LA

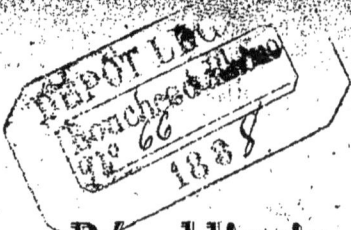

Nouvelle Constitution Républicaine

ET LE DICTATEUR

PAR

J.-E. RENUCCI

CAPITAINE EN RETRAITE

PRIX : **25** centimes.

Franco par la Poste : **35** centimes.

MARSEILLE

IMPRIMERIE GÉNÉRALE	Dépôt :
ACHARD et Cie	VICHÉ FERNAND
Rue Chevalier-Roze 3 et 5	31, Rue de l'Etrieu, 31

1888

—

Tous droits réservés

LA

Nouvelle Constitution Républicaine

ET LE DICTATEUR

PAR

J.- E. RENUCCI

CAPITAINE EN RETRAITE

PRIX : **25** centimes.

Franco par la Poste : **35** centimes.

MARSEILLE

IMPRIMERIE GÉNÉRALE	Dépôt :
ACHARD et Cie	VICHÉ FERNAND
Rue Chevalier-Roze 3 et 5	31, Rue de l'Etrieu, 31

1888

Tous droits réservés

LA
NOUVELLE CONSTITUTION RÉPUBLICAINE

et le Dictateur

PATAUGEAGE POLITIQUE

La Presse et le Parlement pataugent en ce moment à qui mieux mieux au sujet des mots dictature, plébiscite, république, principe de la souveraineté du peuple.

C'est qu'on discute et on dispute sur ces mots sans se donner la peine de les définir et par conséquent sans en connaître la valeur scientifique et la portée logique.

Un exemple caractéristique de ce pataugeage, c'est l'ordre du jour suivant, voté dernièrement par le groupe de l'Extrême-Gauche :

« L'Extrême-Gauche, considérant que les idées plébisci« taires et dictatoriales sont la négation des principes « républicains, constate que ceux qui soutiennent ces idées « n'ont rien de commun avec elle, invite son bureau à ne « plus convoquer dans ses réunions ceux de ses membres qui « font partie du Comité plébiscitaire, dit de Protestation « Nationale. »

Cet ordre du jour est une contre-vérité politique, une véritable absurdité.

Je vais justifier le titre de cet article et mon appréciation sur l'ordre du jour ci-dessus mentionné en reproduisant quelques pages de deux brochures que j'ai déjà publiées et intitulées, l'une : *L'Etat des Fonctionnaires* ; l'autre : *Définition et Logique du Principe de la Souveraineté du Peuple.*

Conciliation scientifique et morale des Hommes intelligents et honnêtes de tous les partis politiques

Les hommes intelligents et honnêtes de tous les partis politiques devraient examiner sérieusement si les monarchistes, les impérialistes et les républicains ne pourraient se mettre parfaitement d'accord, et donner enfin à la France la paix

intérieure, dont elle a tant besoin, en se soumettant respectivement au principe de la souveraineté du peuple, à sa logique rigoureuse et à sa pratique loyale.

On a de la peine à comprendre que, depuis près d'un siècle,
les monarchistes, les impérialistes et les républicains parlent
de principe et de droit monarchiques, de principe et de droit
impérialistes, de principe et de droit républicains, sans savoir
ce qu'ils disent ; car, selon la saine raison, il n'y a et il ne
peut y avoir ni principe ni droit monarchiques, ni principe ni
droit impérialistes, ni principe ni droit républicains ; il n'y a
et il ne peut y avoir que le principe de la souveraineté du
peuple et le droit du peuple de se donner tel gouvernement
qu'il veut, de le modifier comme il veut et de le changer
quand il veut. D'où il résulte que le seul gouvernement légitime et obligatoire pour tous est celui qui naît de la volonté
du peuple et persiste par la volonté du peuple, quels que
soient d'ailleurs sa forme, sa constitution et son personnel.
C'est ce que j'ai démontré, d'une façon plus développée et en
d'autres termes, dans une brochure intitulée : *Définition et
Logique du Principe de la Souveraineté du Peuple.* (Librairie
Fabiani, Bastia.)

La formule de la conciliation scientifique et morale des
hommes intelligents et honnêtes de tous les partis, se trouve
établie dans le modèle de profession de foi suivant :

*Profession de foi de M. X. Y., etc., candidat aux élections
législatives qui vont avoir lieu le...*

« Nous déclarons vouloir des institutions gouvernementales,
basées sur le principe de souveraineté du peuple, sur sa logique rigoureuse et sur sa pratique loyale.

« Nous affirmons que le seul gouvernement légitime et
obligatoire pour tous, est celui qui naît de la volonté du
peuple et persiste par la volonté du peuple, quels que soient
d'ailleurs sa forme, sa constitution et son personnel.

« Nous promettons de faire tous nos efforts pour réaliser un
tel gouvernement, si les électeurs nous honorent de leurs
suffrages et nous confient le mandat de député.

Signé : X., Y., etc.

Les candidats pourront ajouter à ces trois déclarations telles
déclarations qu'ils jugeront convenables sur des questions
d'ordre administratif, d'ordre économique et d'ordre religieux.

Cette profession de foi peut être signée par tous les candidats et appuyée par tous les électeurs, qui reconnaissent la
démocratie comme base de l'ordre politique moderne. Elle

établit un accord de principe entre les hommes intelligents et honnêtes de tous les partis et réduit les conflits électoraux, soit à des préférences de personnes, soit à des divergences de vues, au sujet de certaines questions d'économie sociale ou de la question sociale elle-même. L'arène électorale n'en restera pas moins féconde en agitations, à ces deux derniers titres, où les candidats, comme les électeurs, pourront avoir et soutenir des opinions et des programmes différents.

. . . .

Définition et Logique du Principe de la Souveraineté du Peuple

D. — Qu'est-ce que le principe de la souveraineté du peuple ?

R. — Le principe de la souveraineté du peuple a deux sens : un sens positif et un sens négatif.

Dans le sens positif, il signifie que le peuple est de droit naturel imprescriptible et inaliénable, l'autorité suprême de la société ; que toutes les institutions et tous les pouvoirs politiques et sociaux doivent émaner directement ou indirectement de lui ; que les législateurs et le chef du pouvoir exécutif (le gouvernement) ne sont que ses délégués à des conditions constitutionnellement déterminées et sont toujours révocables.

Dans le sens négatif, il est la négation du principe du droit divin monarchique et du droit divin de la papauté, en tant que la papauté voudrait s'ériger en puissance politique et sociale suprême, dans l'ordre des idées ou dans l'ordre des faits.

Le mot *peuple* ayant plusieurs acceptions, il convient de bien préciser la signification qu'il a dans l'expression *Souveraineté du peuple*.

On dit le peuple français, le peuple anglais, etc. Dans ce sens le mot *peuple* embrasse la population entière ; c'est le peuple social.

On dit le peuple par opposition à la bourgeoisie. Dans ce sens le mot *peuple* désigne la partie de la population qui se trouve dans une situation précaire et malheureuse. C'est le peuple économique.

On dit le peuple souverain. Dans ce sens le mot *peuple* désigne la partie de la population qui forme le corps électoral politique, établi sur la base du suffrage universel. C'est le peuple politique.

Le suffrage universel tire sa raison d'être du droit naturel, parce que, en tant que citoyen, un homme est l'égal d'un autre homme. Il est l'opposé du suffrage restreint, qui ne s'appuie que sur des privilèges de cens ou autres.

Le suffrage universel comprend actuellement sur sa liste tous les individus du sexe masculin âgés de 21 ans, sauf ceux qui sont atteints d'aliénation mentale ou frappés d'une condamnation emportant indignité. Un parti — encore faible pour le moment — demande que le sexe féminin soit admis sur la liste électorale au mêms titre et aux mêmes conditions que le sexe masculin par la raison que, en tant qu'être intelligent et moral, la femme est l'égale de l'homme.

Le peuple souverain, ou le peuple politique, ou le corps électoral — ces expressions ont la même signification — prend ses décisions à la majorité des suffrages. Les décisions de la majorité, tant qu'elles ne sont pas modifiées ou annulées par une majorité ultérieure, sont obligatoires, en fait, pour la minorité ; mais celle-ci conserve le droit de les apprécier et de les condamner dans le domaine des discussions écrites ou parlées

D. — La logique du principe de la souveraineté du peuple permet-elle à la majorité d'un corps électoral d'un moment donné, de déléguer en tout ou en partie, pour un temps illimité ou pour un temps limité, le pouvoir législatif et le pouvoir exécutif à un ou à plusieurs individus.

R. — Oui. Une telle délégation n'a que la valeur d'une procuration faite à ces individus pour diriger et administrer la chose publique au nom du peuple souverain. Il suffit que la majorité qui donne la procuration réserve, pour elle et pour les majorités ultérieures du corps électoral, le droit et les moyens légaux, de la modifier, ou de la révoquer à tel moment qu'il leur plaira. Le peuple n'en reste pas moins souverain pour cela, et il n'use de la délégation que comme mode pratique, sage et utile de gouverner la société. Le gouvernement direct de la société par le peuple, c'est-à-dire par la collectivité du corps électoral, est pratiquement impossible.

D. — La logique du principe de la souveraineté du peuple permet-elle à la majorité d'un corps électoral d'un moment donné, d'aliéner, en tout ou en partie, pour un temps illimité ou limité, le pouvoir législatif et le pouvoir exécutif, dans les mains d'un ou de plusieurs individus ?

R. — Non. Aliéner, c'est se dessaisir, c'est renoncer absolument dans la mesure où l'on aliène ; et, comme ce qui constitue la souveraineté du peuple est précisément le pouvoir législatif et le pouvoir exécutif, ladite majorité aliénerait la souveraineté du peuple dans la mesure où elle aliénerait ces deux pouvoirs. C'est ce qu'elle ne peut pas faire sans violer le principe même de la souveraineté du peuple et par conséquent se rendre criminelle et provoquer immédiatement une résistance et une répression légitimes contre elle et contre tous ceux qui accepteraient l'aliénation à leur profit.

D'ailleurs, dans son sens absolu, l'expression *Souveraineté du Peuple*, signifie la souveraineté des corps électoraux et des majorités des corps électoraux de tous les moments et de toutes les époques. Par conséquent aucune majorité d'un corps électoral du moment n'a le droit d'aliéner, à quelque titre que ce soit et pour quelque temps que ce soit, la souveraineté des majorités des corps électoraux ultérieurs. Cela est évident, parce que le corps électoral étant dans un perpétuel changement d'éléments par l'élimination des hommes qui meurent et par l'inscription des hommes qui atteignent 21 ans, la majorité du jour peut ne plus être majorité du lendemain, et dès lors, la majorité du lendemain, étant aussi souveraine que la première, doit pouvoir exercer comme celle-ci la souveraineté dans toute sa plénitude. Les majorités ultérieures du corps électoral ne sont liées par les décisions des majorités antérieures que dans les conventions synallagmatiques et onéreuses d'Etat à Etat et d'Etat à particuliers. Ce n'est plus le même cas.

D.— Qu'est-ce que la République conforme à la logique du principe de la souveraineté du peuple ?

R.— C'est l'application intégrale et loyale du principe de la souveraineté du peuple au moyen de n'importe quelle forme de gouvernement propre à cette application.

D.— Quelles sont les formes de gouvernement propres à l'application intégrale et loyale du principe de la souveraineté du peuple ?

R.— Toutes celles qui respectent le principe de la souveraineté du peuple et sa logique, toutes celles dont la constitution et le personnel du pouvoir législatif et du pouvoir exécutif sont constamment révocables ou modifiables, soit directement par les mandataires du corps électoral, soit directement par un plébiscite émanant de l'initiative légale du corps électoral lui-même.

Les formes de gouvernement susceptibles de remplir ces conditions peuvent varier à l'infini, quant aux dispositions constitutionnelles, je ne citerai que celles qui se distinguent par le s ul titre du chef du pouvoir exécutif.

1° Gouvernement présidentiel ou gouvernement dont le chef du pouvoir exécutif est un président. Ce président pourra être élu pour une période de temps plus ou moins longue, comme convenance pratique ; mais sous la réserve constitutionnelle que le corps électoral pourra le changer quand il voudra au moyen d'un plébiscite.

BIBLIOTHÈQUE NATIONALE
R. F.
IMPRIMÉS

2° Gouvernement impérial ou gouvernement dont le chef du pouvoir exécutif est un empereur. L'empereur pourra être héréditaire, à vie, ou à temps limité, comme convenance pratique.; mais sous la réserve constitutionnelle que le corps électoral pourra révoquer l'empereur et supprimer l'empire à tel moment qu'il lui plaira au moyen d'un plébiscite.

3° Gouvernement monarchique ou gouvernement dont le chef du pouvoir exécutif est un roi. La monarchie pourra être héréditaire, à vie ou à temps limité, comme convenance pratique ; mais sous la réserve constitutionnelle que le corps électoral pourra révoquer le roi et supprimer la royauté à tel moment qu'il lui plaira au moyen d'un plébiscite. Peu importe que la dynastie royale soit orléaniste ou légitimiste pourvu que l'une et l'autre renoncent, en fait, au principe extra-rationnel du droit divin.

— On est généralement porté à croire que l'hérédité monarchique ou impériale est incompatible avec l'application intégrale et loyale du principe de la souveraineté du peuple.

— C'est une erreur. Exemple : On soumet à la décision du corps électoral la question suivante : — Doit-on rétablir la monarchie légitime et traditionnelle avec hérédité dynastique ? — Le corps électoral répond : oui. — En vertu de ce plébiscite, le rétablissement de la monarchie légitime et traditionnelle devient une application correcte et rigoureuse du principe de la souveraineté du peuple, et si le corps électoral, consulté périodiquement pendant mille ans, se prononce toujours en faveur de cette monarchie et de cette hérédité, la monarchie légitime héréditaire coexistera correctement durant mille ans avec l'application intégrale et loyale du principe de la souveraineté du peuple.

Le même raisonnement est applicable à la monarchie orléaniste et à l'empire.

— On est encore généralement porté à croire qu'on compromet la stabilité du gouvernement en laissant au corps électoral la faculté de le modifier ou de le changer quand il lui plaît.

— C'est une autre erreur. La stabilité d'un gouvernement n'a, en réalité, d'autre base et d'autre garantie que l'attachement et la considération que le peuple a pour lui ; s'il les perd, il est perdu lui-même malgré tout ce qu'il pourrait faire, légalement ou illégalement, pour se maintenir au pouvoir, et s'il entre en lutte ouverte et violente avec le peuple pour défendre son existence ou ses prérogatives, il ne prolonge guère sa durée, s'aliène le peuple à jamais et s'enlève toute chance de retour dans l'avenir. — C'est ce qui est arrivé à la monarchie légitime.

Qu'a gagné le dernier empire à se mettre constitutionnellement au-dessus de la souveraineté du peuple et à enlever au
corps électoral, qui l'avait fondé par un plébiscite? le droit de
le renverser par un autre plébiscite ? (La constitution impériale ne pouvait être modifiée que sur l'initiative de l'empereur ; elle avait même des prérogatives supérieures à
celles de Dieu : on pouvait discuter Dieu dans n'importe
quel écrit ; on ne pouvait discuter la constitution impériale
que dans des écrits ayant au moins neuf feuilles d'impression.)
Il y a gagné de se voir renverser révolutionnairement et
prématurément le 4 Septembre, par une poignée d'individus
parisiens. Le 4 Septembre eut été impossible si le corps électoral avait été investi constitutionnellement du droit de con-
server ou de renverser l'Empire, dans n'importe quelle cir-
constance, parce qu'alors l'acte des individus qui ont renversé
l'Empire le 4 Septembre, devenait un attentat contre la souveraineté du corps électoral, et le corps électoral n'eut pas
manqué de réagir et et de faire expier l'attentat aux coupables.
Ce qui justifie le 4 Septembre, en tant qu'acte révolutionnaire,
c'est que le peuple souverain n'avait plus aucun moyen légal
de supprimer l'Empire s'il eut voulu le faire, et dès lors le 4
Septembre n'a été que la destruction d'un état de choses arbi-
traires et en contradiction avec le principe de la souveraineté
du peuple. D'un autre côté, on peut tenir pour certain que le
corps électoral de 1870 n'eut pas substitué la République à
l'Empire, malgré les fautes et les désastres de celui-ci. Il lui
eut encore moins substitué une monarchie orléaniste ou légitimiste. Donc l'Empire est tombé prématurément pour avoir
été infidèle à la logique du principe de la souveraineté du
peuple, dans le but égoïste d'assurer le règne et l'existence de
la dynastie napoléonienne bon gré mal gré la volonté du
corps électoral.

4° Gouvernement dictatorial ou gouvernement d'un homme
investi temporairement d'une autorité exceptionnelle dans un
but de salut public et pour faire face à une situation mettant
la patrie en danger, comme serait celle d'une guerre avec une
ou plusieurs puissances, et exigeant pour la dominer la con-
centration de tous les pouvoirs et de toutes les ressources de
l'Etat dans les mains d'un homme d'une énergie et d'une
capacité supérieures. Il suffit que la dictature soit complète-
ment subordonnée, quant à son établissement, à sa durée et à
sa cessation, à la volonté du corps électoral ou à celle des
mandataires ordinaires du corps électoral.

NOUVELLE ORGANISATION

DU

GOUVERNEMENT RÉPUBLICAIN

Pour exposer la nouvelle organisation dont il s'agit, je vais employer une méthode très employée en géométrie, la méthode de construction, qui consiste à supposer un problème résolu par une construction géométrique qu'on fait préalablement et à prouver ensuite que cette construction donne bien la solution demandée.

Je commence donc par énumérer les organes constitutifs du nouveau gouvernement républicain, et par indiquer le rôle spécial de chacun d'eux ; je démontrerai ensuite que leur action combinée et synthétique est de nature à satisfaire tous ceux qui désirent un bon gouvernement.

Cette nouvelle constitution politique comprend trois organes principaux qui sont :

1° Le Président de la République, investi du pouvoir exécutif ;

2° La Chambre des députés, investie du pouvoir contrôleur ;

3° Le gouvernement, composé du Président de la République et de la Chambre des députés, investi du pouvoir législatif et directeur.

Le Président de la République

Le Président de la République est nommé au suffrage universel direct pour une période de sept ans. Il est indéfiniment rééligible.

Dès son installation régulière, le Président de la République nomme directement et sans aucune intervention de la Chambre des députés un ministre pour chaque département administratif et un Président du Conseil des ministres, sans portefeuille. Il peut les révoquer et les remplacer quand il veut.

Le Président du Conseil des ministre joue le rôle d'un chef d'état-major général du Président de la République ou d'un Vice-Président de la République. Il remplit les fonctions de Président de la République en cas d'empêchement légal de celui-ci et en cas de vacance.

Le Président de la République choisit les ministres et le Président du Conseil des ministres où bon lui semble et sans égard pour l'opinion de la Chambre des députés. Mais la Cham-

bre des députés, peut à la majorité des deux tiers du complet
de ses membres, émettre un vote ainsi conçu :

*La Chambre des députés n'a pas confiance dans tel ministre
ou dans le Président du Conseil des ministres.*

Après ce vote, le Président de la République est légalement
tenu de remplacer le ministre désigné ou le Président du
Conseil des ministres et il ne peut plus les nommer pendant
un an, sauf un nouveau vote de la Chambre des députés
anullant le premier et émis à la même majorité. Le Président
de la République fait la nouvelle ou les nouvelles nominations
selon sa propre opinion, sans égard pour l'opinion de la
Chambre des députés.

En cas d'un conflit systématique et permanent entre la
Chambre des députés et lui, le Président de la République a
le droit de faire procéder à de nouvelles élections générales
et simultanées de la Chambre des députés et du Président de
la République. La Chambre des députés a le même droit.

Le Président de la République et la Chambre des députés
restent en fonctions jusqu'à l'installation de la nouvelle
Chambre des députés et du nouveau Président de la
République.

Le Président de la République est directement responsable.

Il n'est investi, en tant qu'organe isolé, que d'une direction
exécutive, c'est-à-dire que son action se borne à exécuter et
à faire exécuter les lois et les règlements tels qu'ils existent,
sauf à donner par décret et ordonnance, des directions de
cette exécution, toutes les fois que des circonstances impré-
vues et extraordinaires l'exigent. Il ne peut jamais exercer
seul la direction législative, qui consiste à modifier un ou
plusieurs articles d'une loi ou d'un règlement.

Le Président de la République et les ministres ne peuvent
nommer directement à aucun emploi civil ou militaire. Dans
toutes les hiérarchies sociales et à tous les degrés l'avancement a lieu par voie de promotions effectuées d'après les
règles d'une loi d'avancement réalisant la sélection des sujets
par ordre de mérite. Le Président de la République ou toute
autre autorité compétente n'a qu'à confirmer ces promotions
pour leur donner le caractère officiel.

La Chambre des Députés

La Chambre des députés est investie d'un contrôle souverain sur l'action des ministres, du Président du Conseil des
ministres et du Président de la République. La responsabilité

des ministres est individuelle ; il n'y a pas de responsabilité collective.

Si un ministre ou le Président du Conseil des Ministres a violé une loi ou un règlement, ou a fait preuve d'une incapacité notoire, la Chambre des députés le fait remplacer en émettant à son égard un vote de non-confiance comme il a été dit plus haut. Si la violation du règlement ou de la loi est de nature délictueuse et mérite une répression correctionnelle, la Chambre des députés ordonne des poursuites judiciaires contre le ministre coupable. Pour les délits et les crimes de droit commun imputés à un ministre, la Chambre autorise les poursuites sur la demande que lui adresse le procureur général.

Si le Président de la République viole une loi ou un règlement, ou s'il fait preuve d'une incapacité notoire, la Chambre des députés peut le faire révoquer par le suffrage universel, en prescrivant de nouvelles élections générales et simultanées du Président de la République et de la Chambre des députés. Si la violation du règlement ou de la loi est de nature délictueuse et entraîne une peine correctionnelle, la Chambre des députés peut ordonner des poursuites contre le Président révoqué par le suffrage universel ; mais elle ne peut en prescrire aucune contre ce même Président, en cas où il serait réélu. Si le Président de la République est légalement inculpé d'un délit ou d'un crime de droit commun, la Chambre des députés accorde l'autorisation de poursuites qui lui est demandée par le Procureur général ; elle révoque directement le Président de la République en cas de condamnation et ordonne une nouvelle élection présidentielle.

Dans l'intervalle de temps qui s'écoule entre la révocation et la nomination du nouveau Président de la République, la Présidence de la République est gérée par le Président du Conseil des ministres, faisant fonctions du Vice-Président de la République. Si le Président du Conseil des ministres venait à être lui-même incapable de gérer la Présidence de la République, les ministres se réuniraient en Conseil électoral sous la présidence du plus ancien, et nommeraient l'un d'eux Président provisoire du Conseil des ministres. Celui-ci gérerait la Présidence de la République tout en conservant son portefeuille.

Pas plus que le Président de la République, la Chambre des députés ne peut faire isolément une loi ou un acte de direction législative.

Le Gouvernement

Le Gouvernement se compose du Président de la République et de la Chambre des députés.

Le pouvoir législatif et directeur est exercé par ces deux organes politiques agissant de concert.

La Chambre des députés et le Président de la République ont respectivement l'initiative des lois, des règlements et des ordonnances directrices.

Nul·projet de loi, de règlement ou d'ordonnance directrice voté par la Chambre des députés ne peut être promulgué et devenir exécutoire qu'après avoir été accepté par le Président de la République, sur l'avis conforme du Conseil des ministres.

Réciproquement, nul projet de loi, de règlement, d'ordonnance directrice proposé par le Président de la République, sur l'avis conforme du Conseil des ministres, ne peut être promulgué et devenir exécutoire qu'après avoir été voté par la Chambre des députés.

S'il y a désaccord permanent entre la Chambre des députés et le président de la République, au sujet d'un acte législatif ou de direction à intervenir ou à supprimer, et si ce désaccord permanent est de nature à compromettre les intérêts du pays, l'un et l'autre de ces deux organes politiques a le droit de prescrire une nouvelle élection générale et simultanée du Président de la République et de la Chambre des députés.

Justification de cette nouvelle Organisation Politique

La construction politique qu'on vient de lire remplit toutes les conditions voulues d'un bon gouvernement, parce qu'elle garantit à la fois l'autorité et la liberté, la stabilité et le progrès, la capacité et la moralité des gouvernants.

La disposition qui permet à la Chambre des députés de forcer le Président de la République à remplacer les ministres qu'elle frappe d'un vote de non-confiance, a pour but et pour effet d'empêcher le Président de la République de faire du favoritisme au profit de ses parents et de ses amis, en les faisant ministres alors qu'ils n'auraient ni la capacité ni la moralité voulues pour l'être.

La disposition qui permet au Président de la République de choisir les ministres où il lui plaît, sans égard pour l'opinion de la Chambre des députés, a pour but et pour effet d'empêcher les chefs des partis et des côteries de la Chambre des députés de faire la chasse aux portefeuilles et de renverser des ministres uniquement pour prendre leur place.

L'action combinée de ces deux dispositions rend impuissants le favoritisme et l'intrigue et garantit par là même la capacité et l'honorabilité des ministres.

La disposition qui exige l'accord du Président de la République et de la Chambre des députés pour tout acte législatif ou de direction, est une garantie de stabilité dans les lois et dans la direction politique et met un terme à la versatilité qui existe aujourd'hui à ce sujet.

La disposition qui permet à la Chambre des députés comme au Président de la République, de faire procéder à de nouvelles élections générales et simultanées de ces deux organes gouvernementaux, en cas de désaccord législatif entre eux, est une garantie de progrès ; car si l'acte législatif en question est réellement utile et nécessaire, le suffrage universel donnera raison à l'organe qui le demande et donnera tort à celui qui le refuse, en réélisant le premier et en remplaçant le second.

D'un autre côté, on peut être bien certain que le Président de la République et la Chambre des députés n'abuseront pas du droit qu'ils ont respectivement de faire procéder à une nouvelle élection générale et simultanée, et qu'ils n'auront recours à cette mesure qu'en cas de nécessité absolue ; leur intérêt personnel les y engage. En effet, l'organe qui provoque les nouvelles élections générales, ne sait, pas plus que l'autre, qui le suffrage universel condamnera et laissera sur le carreau ; il pourrait même arriver qu'il les condamne et les laisse sur le carreau tous les deux.

LE DICTATEUR

Organe Constitutionnel Eventuel

Dans l'acception scientifique et historique du mot, le dictateur n'est ni un tyran ni un César, c'est un magistrat suprême, investi d'un pouvoir absolu pour défendre la patrie en danger. La République romaine, dans ses meilleurs jours, a souvent usé du dictateur. Cincinnatus a exercé trois fois la dictature. La seule loi du dictateur est celle-ci : *Salus populi suprema lex*.

On crée un dictateur pour donner à la défense de la patrie en danger toute unité de direction, toute rapidité d'action et toute puissance de voies et moyens de guerre.

Les dispositions ci-après tracent la procédure légale à suivre pour créer et supprimer le dictateur.

Le dictateur est créé par une loi édictée dans la forme ordinaire, c'est-à-dire du consentement du Président de la République et de la Chambre des députés.

Si l'un de ces deux organes du gouvernement propose la dictature et que l'autre refuse d'y adhérer, l'organe qui a pris l'initiative de la proposition, peut prescrire de nouvelles élections générales et simultanées du Président de la République et de la Chambre des députés. Les deux nouveaux organes du gouvernement, qui résultent de l'élection procèdent de la même façon pour l'élection du dictateur, s'il y a lieu.

Le dictateur est supprimé par une loi édictée dans la même forme, c'est-à-dire du consentement du Président de la République et de la Chambre des députés.

Si l'un de ces deux organes du gouvernement propose la suppression de la dictature et que l'autre refuse d'y adhérer, l'organe qui a pris l'initiative de la proposition peut prescrire une nouvelle élection générale du Président de la République et de la Chambre des députés. Les deux nouveaux organes du gouvernement procèdent de la même façon au sujet de la suppressionou du maintien du dictateur.

Le dictateur peut être le Président de la République ou tout autre personne.

Si c'est le Président de la République, le pouvoir gouvernemental de la Chambre des députés est suspendu de droit pendant toute la dictature.

Si c'est une autre personne, la suspension du pouvoir gouvernemental a lieu et pour la Chambre des députés et pour le Président de la République.

Dans les deux cas, les ministres restent en place et fonctionnent sous la direction et sous les ordres du dictateur. Néanmoins, le dictateur peut toujours remplacer les ministres qui n'agiraient pas selon ses vues et selon ses ordres.

Le dictateur a pouvoir discrétionnaire et n'est lié par aucune loi pour tout ce qui concerne les voies et moyens de défense de la patrie ; mais il ne peut, sous peine de mort, ni modifier d'une façon quelconque la constitution politique du pays, ni empêcher le Président de la République et la Chambre des députés de procéder à la suppression de la dictature suivant les règles indiquées ci-dessus, ni interdire à ces deux organes du gouvernement ordinaire de se réunir et de résider dans leurs locaux habituels.

www.ingramcontent.com/pod-product-compliance
Lightning Source LLC
Chambersburg PA
CBHW060716280326
41933CB00012B/2455